AF312219

LA SYRIE aux SYRIENS !

Discours prononcé par

DORIOT

à la Chambre des Députés
le 20 Décembre 1925

Prix : 0 fr. 60

1926

EN VENTE A LA LIBRAIRIE DE L'"HUMANITE"

120, rue Lafayette — PARIS (X°)

[illegible]

[illegible]

[illegible]

[illegible]

[illegible]

PRÉFACE

Le Parti communiste utilise avant tout la tribune parlementaire pour dénoncer les tares du régime capitaliste. Or, parmi les plus honteuses s'étale la tare coloniale.

Doriot, chargé d'élever la protestation du Parti contre la nouvelle guerre coloniale en Syrie, l'a fait avec sa netteté et sa vigueur coutumières.

Vainement, partisans du Bloc National, du Cartel, M. Painlevé ou M. Briand ont essayé, par des interruptions banales ou par des démentis sans portée, d'en diminuer l'effet. Le président du Conseil, qui crut devoir lui-même intervenir pour rassurer sa majorité militariste servile, n'a rien pu opposer de sérieux au réquisitoire cinglant et définitif de Doriot.

Qu'aurait-on pu répondre à cette évocation si suggestive des intrigues, des trafics louches, des abus de toutes sortes dont généraux laïcs comme généraux réactionnaires se sont rendus également coupables et qui ont conduit les Druses à leur révolte si légitime ?

C'est, répété une fois de plus, le régime de spoliation et de matraque qui fleurit au Maroc, en Afrique, dans toutes nos colonies.

Car sous le couvert du mandat de la Société des Nations, la France de Finaly, des hautes banques, poursuit une œuvre de colonisation. Vainement, les Syriens ont essayé de frapper aux portes de Genève et de Locarno. « Par condescendance pour la France, on a refusé de les entendre. »

Doriot a démasqué, à la lumière de cet exemple, la cynique duperie pacifiste que représente la Société des Nations, chère à la IIe Internationale.

Mais il est allé plus loin. Examinant le voyage que de Jouvenel, le nouveau commissaire français en Syrie, fit à Londres avant de rejoindre son poste, il dénonça l'accord occulte de la France et de l'Angleterre dans le Proche-Orient. « Laissez-moi faire en Syrie, a dit Briand à Chamberlain, et je vous laisserai faire à Mossoul. »

Singulière façon de réduire les possibilités de guerre entre l'Angleterre et la Turquie.

L'orateur communiste a conclu en développant largement les mots d'ordre communistes. Assez de boue et de sang en Syrie. Plus un sou, plus un homme pour les profits des Finaly et consorts. Fraternisation entre les soldats français et riffains. La France des ouvriers et paysans, la France qui travaille, qui peine, saignée à blanc et écrasée sous les charges accumulées de la plus atroce des boucheries, se refuse à jouer plus longtemps le rôle ignominieux de fourrier de l'impérialisme français et international.

La presse de droite et de gauche s'est efforcée, bien entendu, d'étouffer ce discours « remarquable », de l'avis même de M. Painlevé. Aussi le Parti a-t-il décidé de l'éditer en brochure et de le diffuser parmi les masses populaires.

A tous, militants, lecteurs, à lui faire le sort qu'il mérite. Pas une usine, pas un village doivent ignorer l'intervention de Doriot !

PREFACE

Discours prononcé par Doriot à la Chambre des Députés, le 20 Décembre 1925

DORIOT. — Messieurs, voici plusieurs mois que le débat sur la Syrie est attendu, avec une assez grande impatience. De tous les côtés de l'Assemblée, on désire avoir des explications claires sur ce qui s'est passé en Syrie et sur ce qui s'y passera demain.

Je veux, avant d'entrer dans le fond du débat, expliquer quelle position nous entendons prendre dans la lutte qui s'est déroulée déjà au cours de deux séances, vendredi et ce matin.

La question syrienne n'est pas une querelle de boutiques.

Nous avons l'impression, nous avons même la certitude que nous assistons ici à une lutte entre deux sectes de ce pays, entre cléricaux et laïcs, et même plus, entre jésuites et francs-maçons. (*Applaudissements à l'extrême gauche communiste.*)

Il est évident que nous ne participerons à aucun degré à ces divergences d'ordre religieux. Ce que nous voulons, nous, c'est poser dans son ensemble la question de la politique syrienne, de la politique qui a été suivie là-bas depuis 1920.

Nous savons par expérience que les méthodes employées par tels ou tels généraux se valent souvent. S'il y a quelques variantes, par ci, par là, elles ne sont pas, très souvent, le produit de la volonté des généraux eux-mêmes, elles résultent plutôt des circonstances dans lesquelles ces généraux sont placés.

Généraux jésuites ou francs-maçons se valent.

Nous savons que les méthodes du général Sarrail valent celles du général Gouraud et du général Weygand.

J'ai écouté avec une très grande attention le rapport qu'a fait le général Sarrail à la commission des Affaires étrangères et j'ai été surpris de la volonté qu'il manifestait de suivre en Syrie les méthodes de ses prédécesseurs. Je l'ai entendu prononcer les phrases suivantes : « Je n'ai pas voulu changer ce qu'avaient fait mes prédécesseurs », ou « je n'ai pas reçu des Druses, mais mon prédécesseur non plus ».

Au sujet de l'accord De Caix, il a dit : « Ce n'est pas moi qui ai violé l'accord, il est évident que mes prédécesseurs l'avaient violé avant moi. »

Je vois M. Uhry qui semble approuver cette argumentation. Qu'il sache bien que je ne veux pas innocenter le général Sarrail. Ce n'est pas le fond de ma pensée.

M. JULES UHRY. — Pas davantage.

DORIOT. — J'aurai l'occasion tout à l'heure de dire, en le fondant sur quelques faits précis, le sentiment du parti communiste sur les méthodes du général franc-maçon.

Mais je pense, et c'est ce que je veux préciser tout d'abord, que ceux qui ont couvert les actes du général Gouraud et du général Weygand sont les moins bien placés (*Applaudissements à l'extrême gauche communiste et sur quelques bancs à l'extrême gauche*) pour se tourner aujourd'hui vers la gauche de l'Assemblée et dire : Vous avez envoyé là-bas un général qui n'a pas fait l'affaire et qui s'est trompé.

D'ailleurs, messieurs (*l'orateur s'adresse à la droite*), on pourrait vous renvoyer facilement la balle et vous dire que, dans d'autres circonstances et dans d'autres endroits, vous avez soutenu des généraux qui n'étaient ni meilleurs ni plus mauvais, qui étaient aussi mauvais, si vous me permettez de le dire, que le général Sarrail. Je veux parler du maréchal Lyautey, au Maroc. (*Applaudissements à l'extrême gauche communiste.*)

La besogne que vous faites maintenant en dénonçant les erreurs, les crimes, avez-vous dit, du général Sarrail, c'est un peu, c'est même beaucoup de démagogie.

Vous n'avez pas le droit de porter une telle accusation. Vous avez un passé politique trop chargé de crimes de généraux pour pouvoir dénoncer devant cette Assemblée.. (*Applaudissements à l'extrême gauche communiste. — Interruptions sur de nombreux bancs.*)

M. LE PRÉSIDENT. — Je proteste au nom de toute la Chambre contre cette expression inadmissible. (*Applaudissements.*)

DORIOT. — Un débat est nécessaire, mais sur l'ensemble de la politique syrienne, de la politique suivie solidairement et avec une continuité parfaite par le général Gouraud, par le général Weygand et par le général Sarrail.

Nous voulons faire le bilan de cette politique, le bilan de la politique de mandat, et en tirer les conclusions qui semblent s'imposer. Nous voulons demander que l'on résilie le mandat, que l'on évacue la Syrie, parce que nous pensons qu'après les faits dénoncés ici ce matin, c'est la seule conclusion qui s'impose actuellement. (*Applaudissements à l'extrême gauche communiste.*)

Mission civilisatrice non, mais bien politique d'expansion capitaliste.

Nous connaissons l'argument généralement invoqué par les orateurs de la majorité : nous sommes en Syrie en vertu d'un mandat de la Société des Nations et, devant l'Assemblée des peuples, nous ne pouvons abandonner la mission civilisatrice qu'elle nous a confiée.

Nous pensons, nous communistes, que, sous le couvert du mandat, vous continuez une politique d'expansion déterminée bien avant la guerre.

Ce n'est pas d'aujourd'hui que l'on parle de la Syrie à la tribune de la haute Assemblée ou à celle de la Chambre. Il est évident que vous cherchez à vous infiltrer là-bas depuis très longtemps. Il y a un fait tout à fait significatif, c'est qu'en 1916, par un traité signé entre trois puissances, la Russie, l'Angleterre et la France, vous avez reçu en partage la Syrie.

Comme on évoquait ce fait il y a quelques jours, à la commission des Affaires étrangères, je ne sais plus quel orateur éminent disait qu'en 1916, cela correspondait aux buts de guerre de la France. (*Très bien ! très bien ! à l'extrême gauche communiste.*)

Je veux rappeler à la suite de quelles circonstances nous sommes allés en Syrie.

Vous savez qu'en 1915, lorsqu'on envoya des soldats alliés aux Dardanelles, la Russie s'émut. Elle voyait dans cette attaque une menace contre les « droits historiques » — pour employer l'expression des chancelleries — qu'elle avait sur Constantinople.

Aussi, afin de rendre caduques toutes prétentions futures de la France et de l'Angleterre sur Constantinople et les territoires qu'elle avait convoités — prétentions hypothétiques, peut-être, mais qu'elle craignait — elle lança immédiatement un ballon d'essai. Elle proposa de discuter tout de suite le partage de l'Empire ottoman, et nous l'avons vue réclamer, pour sa part, Constantinople, le Bosphore et plusieurs provinces turques.

Personne ne peut nier que telles étaient les revendications essentielles de l'impérialisme russe, de l'impérialisme tsariste. En 1916, on s'est accordé avec cet impérialisme russe. Je veux saluer ici le geste de la Révolution russe, qui a renoncé à tout cela. (*Applaudissements à l'extrême gauche communiste. — Interruptions au centre et à droite.*)

M. CHARLES FRANÇOIS. — Et la Géorgie ?

DORIOT. — En tout cas, aujourd'hui, les Turcs sont les maîtres de Constantinople et la Révolution russe ne réclame plus ces territoires, comme le tsar. C'est un fait incontestable.

Quant à la seconde alliée dont on dénonce ici à chaque instant l'impérialisme (*Mouvements divers*), tantôt à droite, tantôt à gauche, l'Angleterre, elle, au partage de 1916, a posé ses conditions. Je n'ai pas à l'apprendre à M. le président du Conseil : il a participé à ces discussions.

Celles de ces conditions qui ont été rendues publiques sont claires. Constantinople devait devenir port franc. L'Angleterre demandait un certain nombre de territoires de l'Empire ottoman, notamment la Mésopotamie, où elle avait, dès avant la guerre, de sérieux intérêts.

Elle voulait conserver également le contrôle sur quelques lignes de chemins de fer, sur une, entre autres, qui lui assurât un débouché sur la Méditerranée.

L'Angleterre — on ne peut le nier — poursuivait là une politique d'hégémonie en Asie et dans le proche Orient.

Je pose maintenant cette question : la France, qui a participé aux accords de 1916, était-elle donc la seule puissance désintéressée ? Était-elle seule exempte de toute ambition territoriale dans ces contrées ? Qui donc pourrait l'affirmer ?

Comme les deux autres puissances participantes, la France poursuivait un but et ce but était évidemment de prendre la Syrie.

MARCEL CACHIN. — Et même le Kurdistan !

Doriot. — Avant la guerre, cette question avait été posée devant les Assemblées françaises. M. Poincaré déclarait, en 1912, au Sénat :

« Je n'ai pas besoin de dire qu'au Liban et en Syrie, notamment, nous avons des intérêts traditionnels que nous entendons faire respecter. »

On lui répond, de l'autre côté de la Manche, par l'organe de sir Edward Grey :

« L'Angleterre affirme son désintéressement politique en ce qui concerne la Syrie. »

Ceci, je le répète, date de 1912. A cette époque, l'Empire ottoman n'était pas mort, il était seulement malade. Vous l'appeliez « l'homme malade » Mais vous vous partagiez déjà ses territoires.

Nous avons assisté au marchandage classique, traditionnel si l'on peut dire, entre les deux puissances, l'Angleterre et la France. Nous avons assisté à la répétition des pourparlers préalables à l'accord de 1904, qui donnait le Maroc à la France et l'Egypte à l'Angleterre.

Le consentement de l'Angleterre, en 1916, n'a pas été donné pour rien. Il vous a été donné à la condition que vous ne réclamiez pas de droits sur la Mésopotamie, où l'Angleterre avait des intérêts économiques considérables.

Les véritables raisons de notre occupation.

Vous aviez d'ailleurs des raisons sérieuses pour aller en Syrie. Je veux en énumérer trois.

Tout d'abord, vous vouliez avoir une porte sur la route des Indes. C'est en raison de sa situation géographique, au croisement des routes de l'Orient et du Proche-Orient, que la Syrie a été choisie par la France pour s'y installer.

Il y a une seconde raison que l'on ne nie pas encore actuellement : vous voulez avoir la possibilité, à l'heure que vous choisirez, d'établir une base militaire et maritime dans la Méditerranée orientale.

La troisième raison est la plus importante : vous vouliez protéger en Syrie les intérêts des capitalistes qui y sont engagés. On pourrait résumer la politique française par ces mots : faire fructifier les capitaux qui ont été exportés là-bas, avant la guerre, en contrôlant et en exploitant à fond la Syrie par les méthodes coloniales. (*Interruptions.*)

C'est évidemment la ligne politique que vous avez suivie là-bas.

D'ailleurs, la pénétration française en Syrie a été préparée de longue main. Elle a revêtu diverses formes, qui se sont très bien complétées.

Tout d'abord, la pénétration religieuse, avec les bénédictins, les pères blancs, les jésuites. J'ai eu l'impression, pendant tout ce débat, qu'il avait été provoqué par la tentative de diminution de l'autorité des religieux en Syrie. J'ai eu l'impression que c'était par là que s'expliquait l'acharnement de la lutte contre le général Sarrail. Peut-être n'a-t-il pas suivi, sur ce point, la ligne de ses prédécesseurs. Peut-être a-t-il voulu diminuer là-bas l'influence des sphères religieuses.

Il faut le dire objectivement, parce que nous sentons que c'est la vérité. (*Applaudissements à l'extrême gauche communiste.*)

Mais il y avait aussi une pénétration financière d'une importance considérable. Avant la guerre, il y avait déjà en Syrie 200 à 250 millions de capitaux français investis dans les diverses exploitations. C'est cela qu'il fallait défendre avant tout.

Un des hommes qui ont suivi la politique syrienne avec le plus d'attention — il a écrit un livre, dont le titre est significatif : *Comment nous nous sommes installés en Syrie.* — M. de Gontaut-Biron a fait un tableau excellent des richesses du sol et du sous-sol syrien.

Permettez-moi de citer un passage de ce livre, qui est au plus haut point intéressant.

« Ces régions, dit M. de Gontaut-Biron, produisent des céréales, des vins, des tabacs, de la soie... » — la Syrie en produisait, avant la guerre, chaque année, pour 25 millions, qui étaient accaparés par le marché lyonnais — « ...le sous-sol contient des minerais de fer, de cuivre, de manganèse, de nickel, de plomb, des lignites, de l'asphalte, des phosphates et des bitumes. »

L'auteur ajoute que, grâce à certains procédés industriels modernes, on peut fabriquer en Syrie du pétrole, ce qui a naturellement une grande importance.

M. de Gontaut-Biron, enthousiasmé par ces découvertes, s'écrie :

« On devine la plus-value considérable qu'acquerra, au bout de quelques années, une telle contrée, sitôt commencée l'exploitation rationnelle intensive de son sous-sol, de ses montagnes et de ses plaines. »

Je n'ajouterai qu'un mot : le général Gouraud, l'un de vos proconsuls, le 9 novembre 1920, déclarait à la chambre de commerce de Marseille : « L'affaire payera. » (*Applaudissements à l'extrême gauche communiste. — Mouvements divers.*)

ANDRÉ BERTHON. — Et le Bloc national le soutenait !

DORIOT. — Nous comprenons pourquoi il faut rester en Syrie. Il y a beaucoup d'argent à gagner là-bas. Il y a des dividendes considérables à ramasser. Maintenant, à n'importe quel prix et sous n'importe quelle forme, on veut rester en Syrie, pour permettre à quelques capitalistes de réaliser ces dividendes et de ramasser des fortunes.

Les accords de 1916 avaient consacré cette politique d'expansion. Ils avaient transformé la Syrie, de province turque à représentation parlementaire, et de province bien opprimée, en simple colonie française.

La Société des Nations complice de la colonisation française.

La guerre terminée, il faut tout de même faire quelques concessions aux masses ouvrières et paysannes qui se sont battues, et l'on crée, à Genève, une officine pacifiste, la Société des Nations, pour donner aux travailleurs et aux paysans l'illusion qu'ils n'ont pas combattu pour rien.

Après l'avoir créée, il faut bien donner quelques attributions à cette société de Genève. Lesquelles ?

On lui donnera, permettez-moi cette expression, mission d'accommoder à la sauce pacifiste les expéditions impérialistes de la France et de l'Angleterre. (*Applaudissements à l'extrême gauche communiste. — Vives interruptions sur divers bancs.*)

La preuve, c'est qu'en 1920, la Société des Nations octroie, comme par hasard, le mandat sur le Liban et la Syrie à la France et le mandat sur la Palestine et la Mésopotamie à l'Angleterre. N'était-ce pas la confirmation de la politique suivie pendant la guerre ?

Je connais l'objection qu'on peut faire à un pareil argument. Les accords de 1916, peut-on dire, nous donnaient d'autres concessions territoriales que la Société des Nations en 1920.

Sans doute ! Mais ce n'est pas la Société des Nations qui a modifié les accords de 1916. Ce sont les marchandages franco-anglais, ce sont aussi les révoltes des populations et la Révolution turque.

En aucun cas, la Société des Nations n'est intervenue pour modifier les accords de 1916. Elle en a confirmé les résultats.

Nous pouvons affirmer que le mandat, tel qu'il a été confié à ce pays, ne diffère en rien de l'annexion, ni par la méthode employée par le mandataire en Syrie, ni par la façon dont la Société des Nations l'a octroyé.

Pour obéir aux intérêts de la France et de l'Angleterre, la Société des Nations a même violé son statut intérieur. Vous savez que l'article 22 du pacte de la Société des Nations déclare à propos de l'attribution des mandats coloniaux, que les vœux des populations, des communautés, doivent être pris d'abord en considération pour le choix du mandat. Or, comme on était moins que sûr du choix des populations, on a préféré ne pas les consulter ; on a préféré violer le mandat de la Société des Nations plutôt que de consulter ces populations. (*Très bien ! très bien ! à l'extrême gauche communiste.*)

Le plébiscite syrien a été hostile au mandat français.

J'ai lu avec beaucoup d'attention un livre écrit sur le mandat A. J'ai voulu me perfectionner dans l'étude du mécanisme de ce mandat A, qui représente une des formes de la civilisation occidentale.

M. Ménassa a écrit, sur ce sujet, un livre tout à fait intéressant, qu'il a dédié « au grand démocrate M. Edouard Herriot, avec le sentiment de profonde admiration d'un Libanais, sincère ami de la France et du mandat français ». Et il paraît que M. Herriot a accepté la dédicace de ce livre ; c'est l'auteur qui l'affirme.

Ecoutez ce qu'il raconte, au sujet de la consultation et des dispositions des populations syriennes.

Il dit : « Il y a bien eu un plébiscite en Syrie, mais il a été organisé par une commission internationale, présidée par un Américain, M. Crewe, qui connaissait très bien la Syrie et qui avait une assez grosse influence. Mais, ni la France, ni l'Angleterre n'ont voulu participer à cette consultation de la Syrie. »

Or, l'ami de M. Herriot, qui n'est pas un adversaire du mandat — je le fais remarquer une seconde fois — déclare que la consultation fut franchement hostile au mandat français. (*Interruptions.*)

La nation syrienne s'était prononcée pour l'indépendance absolue, sans mandat.

« Quant au choix du mandataire — dit-il — si le mandat devait absolument être imposé à la Syrie, la majorité se montra en faveur d'un mandat américain. »

D'autre part, l'Assemblée nationale de Syrie, le Congrès syrien, déclarait, le 2 juillet 1919 : « Nous demandons l'indépendance politique immédiate. »

Donc, pas d'erreur possible, la Syrie voulait l'indépendance. On le savait à Paris.

M. Aristide Briand, *président du Conseil, ministre des Affaires étrangères.* — Mais, qu'est-ce que c'est que la Syrie ?

Bourlois. — Qu'est-ce que c'est que la grève générale ? (*On rit.*)

M. LE PRÉSIDENT DU CONSEIL. — Je vous expliquerai cela quand vous voudrez. (Rires.)

DORIOT. — La présidence du Conseil a rompu toute relation diplomatique avec cette personne-là depuis très longtemps !

M. LE PRÉSIDENT DU CONSEIL. — Cela a un rapport direct avec la Syrie ! Cela entre dans les conditions du mandat.

DORIOT. — Mais, tout à l'heure, on a fait des signes de dénégation au banc du Gouvernement, lorsque j'ai dit que la Syrie voulait être indépendante.

M. LE PRÉSIDENT DU CONSEIL. — C'est une chose absurde !

DORIOT. — Mais vous avez eu, avant vos proconsuls français, un proconsul anglais qui était chargé, au nom des alliés, de traverser ces régions, le général Allenby. Or, dans un manifeste qu'il adresse à ces populations en 1918, il leur déclare que l'expédition n'avait en vue que l'affranchissement complet et définitif des peuples si longtemps opprimés par les Turcs, l'établissement d'un gouvernement national et d'une administration nationale puisant leur autorité dans l'initiative et le libre choix des populations.

On ne pourra donc plus nous dire maintenant que l'on ignorait le sentiment d'indépendance du peuple syrien. On le connaissait et on éprouvait le besoin de le manifester par un acte solennel éclatant lorsqu'on a envoyé des soldats là-bas.

Voilà les promesses que vous faisiez en 1918. Nous verrons comment vous les avez réalisées. En tout cas, nous affirmons que Genève, qui connaissait bien l'état d'esprit de ces populations de Syrie, grâce à l'autorité qu'on lui accorde et que sur presque tous les bancs de cette Chambre on lui accordera longtemps encore, a imposé un mandat à la Syrie, pays qui n'en voulait pas, pour satisfaire aux ambitions territoriales de l'impérialisme français. (Applaudissements à l'extrême gauche communiste.)

A Locarno, la Syrie n'a pu faire entendre sa voix.

Mais, dira-t-on, il y a lieu de tenir compte d'une autre objection, souvent faite par M. Paul-Boncour. Il dit : « Mais, en 1920, la Société des Nations n'était encore qu'une faible organisation ». Certainement, elle n'était pas encore animée par le souffle de Locarno. Mais, en 1925, la conférence de Locarno s'est tenue ; et vous faites autour d'elle un tapage formidable.

Il est évident que vous comptez beaucoup, pour votre propagande, sur la conférence de Locarno. Eh bien, la Société des Nations a-t-elle depuis Locarno changé sa tactique vis-à-vis des peuples coloniaux ? Pas le moins du monde. Il y a quelques jours, on rappelait que la Société des Nations avait, cette année, repoussé l'examen du rapport sur le mandat syrien, par déférence pour la France, et ceci à un moment où un général français ordonnait le bombardement de Damas. (Applaudissements à l'extrême gauche communiste.)

J'ose dire que la Société des Nations montre aujourd'hui plus que jamais aux petits peuples qu'elle a placés sous mandat, c'est-à-dire sous le contrôle et la protection des grandes puissances, qu'elle se désintéresse d'eux et qu'ils n'ont pas le droit de faire entendre leur voix à Genève.

A la Société des Nations, c'est comme au régiment : il faut suivre la

voie hiérarchique et il n'est possible à la Syrie, aux Syriens, de faire
entendre leurs plaintes qu'à la France elle-même, qui bombarde Damas.
Un journaliste de Beyrouth, payé pour le savoir, a déclaré que la
Société des Nations avait enfermé la Syrie dans des petits cachots d'acier
dont elle avait cadenassé les portes. Ceci est malheureusement trop exact.
Et je veux tirer de cela un seul argument. C'est que l'on ne peut faire
intervenir dans ce débat la Société des Nations.

Comment généraux et fonctionnaires réalisent la colonisation.

Nous disons, nous, qu'en Syrie, vous faites une œuvre de colonisation
et que la Société des Nations n'y change rien. (*Applaudissements à l'extrême gauche communiste.*)

Les actes diplomatiques des gouvernements successifs de la France
depuis 1912 prouvent que l'on veut annexer la Syrie définitivement.

Et la méthode que l'on a employée là-bas, qui vaut encore plus que
toutes les paroles que l'on prononce, est encore bien plus significative des
intentions que vous avez.

Qui avez-vous envoyé en Syrie pour préparer l'œuvre du mandat ?
Naturellement, les hommes de votre politique.

Le Bloc national a envoyé deux généraux, le Bloc des gauches en a
envoyé un troisième : trois généraux pour appliquer le mandat : Gouraud,
Weygand, Sarrail, puis un certain nombre de fonctionnaires. Et lorsqu'on
voit quels fonctionnaires vous avez envoyés là-bas, il apparaît encore bien
plus nettement que vous vouliez coloniser.

Quels fonctionnaires avez-vous envoyés ? Ici, je me réfère encore à
M. de Gontaut-Biron, qui est loin d'être communiste, qui veut que l'on
s'installe en Syrie, qui intitule son livre : *Comment nous nous sommes
installés en Syrie.* Il écrit :

« Un grand nombre des officiers qui débarquent en Syrie, destinés les
uns aux services administratifs, les autres aux troupes arrivées du Maroc,
imbus des habitudes et des méthodes d'administration marocaine... » —
et ceci veut dire beaucoup pour qui connaît les méthodes d'administration
marocaine (*Très bien ! très bien ! à l'extrême gauche communiste.*) —
« ...tiennent des propos maladroits, humiliants, peu favorables aux Syriens, qu'on considère cependant comme un des peuples les plus susceptibles de l'univers. »

J'estime que M. de Gontaut-Biron est très modeste dans sa critique,
mais le résultat est net aujourd'hui. Vous avez envoyé là-bas des fonctionnaires coloniaux, des généraux, pour appliquer soi-disant une politique de
civilisation. Mais je veux poser une autre question : Pouviez-vous en
envoyer d'autres ? Je ne crois pas que cela fût possible.

Vous avez envoyé là-bas vos spécialistes de la colonisation, et cela
pour une raison bien simple : parce que vous avez pris la Syrie, parce
que, dans votre esprit, la Syrie était une terre à coloniser et le peuple
syrien un peuple à exploiter. Vous ne pouviez donc y envoyer que des
colonisateurs habitués aux méthodes des autres colonies ; vous l'avez fait
et il ne vous était pas possible de faire autrement.

Comment ces militaires ont-ils trouvé la Syrie ? En 1920 et en 1921,
la Syrie se gouvernait elle-même, elle jouissait de certaines libertés, le
gouvernement national venait d'y élaborer une constitution sur laquelle
je voudrais bien que M. le président du Conseil se penchât un instant.

Cette constitution reconnaissait le système parlementaire élu au suffrage universel, à raison de 1 député pour 40.000 habitants pour la majorité ethnique de la population et de 1 pour 30.000 habitants pour les minorités nationales. (*Très bien ! très bien ! à l'extrême gauche.*)

L'ami de M. Herriot, ou plutôt l'homme qui vénère M. Herriot de la façon que j'ai dite, raconte qu'en cette période Damas ressemble à une ville libérée d'un joug par une révolution libérale ; partout, paraît-il, on voit des réunions, des meetings, des clubs, et il est évident que la population syrienne s'accorde bien avec ce régime.

Le général Gouraud impose la dictature.

Mais votre proconsul arrive. Le général Gouraud commence par chasser le gouvernement et lui substitue une dictature politique. Il déploie tellement de troupes pendant les consultations populaires que les populations de Damas et de Hama boycottent les élections. Elles se refusent à voter sous le contrôle des troupes françaises.

En 1922, l'*Information*, qui passe ici pour un journal sérieux, dit que le général Gouraud a dressé contre lui-même les maronites catholiques, profrançais par tradition, dont il a déporté les meneurs en Corse.

Voilà le résultat de la politique du général Gouraud : il a groupé contre lui la presque totalité des populations là-bas.

André Berthon. — Permettez-moi de vous interrompre quelques instants.

Doriot. — Volontiers.

André Berthon. — Dans l'ancienne législature, j'ai eu l'occasion à maintes reprises, de signaler les procédés du général Gouraud. Je voudrais les rappeler à ces messieurs, survivants du Bloc national, qui me paraissent les avoir oubliés.

M. Edouard Soulier. — Nous sommes en très bonne santé !

André Berthon. — A la commission des Affaires étrangères, je me suis étonné de voir le général Sarrail, d'accord avec son Gouvernement, mettre en résidence forcée les chefs druses.

Je ne connais dans la loi aucune disposition qui permette des mesures comme celle-là. Elles sont arbitraires et attentatoires à la liberté des citoyens, quels qu'ils soient. Mais je rappelle que dès 1921 j'avais ici, à maintes reprises, protesté contre les procédés identiques du général Gouraud.

Lorsque le conseil administratif du Liban, représentant la population mandataire élu des Libanais, voulut protester contre ces pratiques de colonisation que signale si justement aujourd'hui notre collègue, j'ai protesté à cette tribune, contre le fait d'avoir déféré à une cour martiale ces députés libanais qui voulaient simplement venir à Paris et à Genève protester contre ces procédés de colonisation.

Ils ont été condamnés à des peines de bannissement que, de sa propre autorité, le général Gouraud a transformées en peines de détention et de résidence forcée.

A ce moment-là, messieurs du Bloc national, vous couvriez les responsabilités du général Gouraud. Lorsque nous avons, avec M. Ernest Lafont, M. Jules Uhry, M. Daladier même, protesté contre les suspensions arbitraires des journaux qui voulaient parler librement, alors que les autres étaient payés par le haut commissariat avec les fonds secrets que vous envoyez là-bas par millions, vous avez trouvé que tout était bien.

Et ici encore, j'ai dénoncé les procédés plus graves employés par le général Gouraud, ces colonnes de répression et de pillage qu'on envoyait dans le pays lorsqu'il y avait un semblant d'insurrection. J'ai cité, cela ne peut pas être démenti par M. Briand, qui se souvient très certainement des conversations publiques et des conversations privées que nous avons eues à ce sujet, j'ai cité, dis-je — le *Journal officiel* du 20 octobre 1921 en ferait foi — le communiqué officiel du général Gouraud sur les opérations d'une de ces colonnes de répression et de pillage.

Il y disait : « Les localités de Jabanat, El Kasbah, Goumahi, Trank, etc., ont été détruites par ordre du général haut commissaire. Les biens de leurs habitants ont été mis sous séquestre... »

A cette lecture, un collègue du Parti socialiste, représentant des régions libérées, interrompt : « Comme faisaient les Boches. »

Le communiqué continue : « ...La colonne a détruit, le 21 juin, dix-sept hameaux.

« Le 30, elle était de retour à Kuneitra, où elle a mis en vente tous les biens confisqués. »

M. Uhry, à sa place, disait : « C'est le langage de Ludendorff ».

Qu'avez-vous dit à ce moment ? Vous avez couvert le général Gouraud. (*Applaudissements à l'extrême gauche communiste.*)

DORIOT. — Je remercie mon camarade Berthon de cette intervention, qui écourte la mienne, puisque j'avais relevé à l'adresse du général Gouraud quelques-uns des faits qu'il vient de signaler.

Dès 1924 les Syriens dénoncent notre politique de spoliation.

J'en arrive au bilan de la politique du mandat établi en 1924, qui se trouve dans un document essentiel, j'ose dire, qui a été envoyé à la Société des Nations, et dont celle-ci n'a tenu aucun compte.

En 1924, les Syriens dénoncent la politique économique suivie par le mandataire, ce qui est plus important peut-être que la répression économique que vous lui faites subir, et ils signalent avec juste raison et avec des exemples à l'appui que des conflits ont éclaté entre le capital indigène et le capital français, et que celui-ci, protégé par les baïonnettes, réussit toujours à imposer ses conditions.

Il signale ensuite que la banque d'émission de Syrie a raflé l'or et l'a remplacé par un papier qui suit la dépréciation du nôtre. Et lorsqu'on examine l'ensemble du problème colonial, on peut bien dire que la dépréciation de notre monnaie a une répercussion sérieuse dans toutes les colonies, que les peuples coloniaux ne veulent pas la subir, et c'est ce qui les détache de vous.

Les conditions économiques, à côté d'autres conditions politiques qu'ils subissent, leur sont intolérables. (*Applaudissements à l'extrême gauche communiste.*)

Nous voyons aussi les taxes d'entrée sur les produits des puissances n'appartenant pas à la Société des Nations élevées de 30 %, et ceci limite le commerce de la Syrie avec la plupart des puissances.

Si j'ai employé ces arguments, c'est pour vous montrer que vous ne choquez pas seulement vos adversaires politiques, mais tous les travailleurs et tous les producteurs, les commerçants, les industriels, les banquiers syriens, c'est-à-dire toutes les forces économiques d'une région que vous avez placée sous le régime du mandat.

Ensuite, nous assistons à une répression sévère contre le peuple syrien : suspension de journaux, imposition de villages. Sous prétexte qu'un coup de feu a été tiré dans un village, qu'un village a livré passage ou donné abri à un bandit, on lui impose une amende de 1.500 livres or. Alors que vous avez remplacé dans ce pays la monnaie nationale par du papier, les amendes que vous imposez doivent être payées en or. Les Syriens protestent avec une grande énergie contre cette spoliation.

Bien que cette politique soit mauvaise, le haut commissariat la continue néanmoins dans tous les domaines, économique et politique. Ceux mêmes qui, au début, soutenaient le haut commissariat, se detachent de lui.

Votre politique renforce l'armée des nationalistes révolutionnaires.

On raconte que le représentant de la France, quand il arrive là-bas, est toujours acclamé. C'est vrai, on peut toujours être acclamé, et ce n'est pas à un ministre que je l'apprendrai.

M. Briand a été acclamé quand il était dans le Bloc national ou quand il était dans le Bloc des gauches. Chaque fois qu'il revenait d'une conférence internationale où l'on avait réglé la paix, il était accueilli à la gare d'arrivée par des manifestations bien spontanées, savamment organisées par le ministre de l'Intérieur. (*Applaudissements à l'extrême gauche communiste.*)

En Syrie, on peut bien dire que les acclamations que reçoivent nos hauts commissaires sont du même ordre, car après trois ans de politique de mandat, cette politique n'est plus soutenue que par ceux qui en profitent directement et qui émargent là-bas aux fonds secrets. (*Applaudissements sur les mêmes bancs.*)

Sarrail renforce encore le régime de la matraque.

Enfin, le général Sarrail apparaît en Syrie, et si tout à l'heure j'ai pu paraître doux à son égard, je voudrais, messieurs du Bloc des gauches, vous enlever immédiatement cette impression.

Parmi les trois généraux qui sont allés là-bas, on peut dire que le général Sarrail a décroché la timbale. C'est lui qui a été le plus brutal, le plus cynique dans la répression. Ordinairement, on lui reproche seulement l'affaire du Djebel Druse et ces incidents qu'on a évoqués vendredi et aujourd'hui d'une façon dramatique à la tribune. Mais ce n'est pas tout. Dès son arrivée, le général Sarrail a voulu se signaler à l'attention publique en réprimant une manifestation de petits artisans, d'ouvriers, de petits commerçants qui voulaient, à Beyrouth, qu'on instituât une loi sur les loyers.

Savez-vous quel fut le résultat de cette première rencontre entre les hommes du général Sarrail et ceux qui demandaient une loi sur les loyers ? Il y a eu neuf tués, quarante blessés, soixante arrestations. Et l'on vient dire que c'est une des manifestations du pacifisme français. Ah ! je veux bien le croire.

A Damas, pour protéger lord Balfour, ce sont les mitrailleuses que l'on met en action contre les manifestants. Ce sont là les procédés habituels.

Mais dans cette affaire du Djebel Druse, on n'a pas évoqué ici les souffrances que les populations du Djebel, que l'on vient vous dénoncer comme des populations exaltées et pillardes, ont subies.

Dans un document qui a été envoyé à la Société des Nations, qu'en tout cas on peut faire vérifier sur place, je prendrai quelques-uns des griefs qui sont reprochés au capitaine Carbillet, que le général Sarrail a couvert jusqu'à la dernière minute et qu'il a voulu imposer aux populations du Djebel Druse.

Ecoutez : à celui-ci, on lui applique le bâton sur les os ; on reconnaît qu'il était innocent ; il fut incarcéré pendant quelques mois. Un autre, on lui donne la bastonnade, parce qu'il n'a pas salué le caporal de Ponchel. Ainsi, pour ne pas avoir salué un caporal, on passe à tabac en Syrie ! Et de quelle façon ? L'homme est obligé de rester couché pendant plusieurs semaines.

Je vois nos collègues rire. Ils pensent sans doute qu'après tout, on pourrait bien en dire autant pour Paris, car Paris est une petite Syrie. C'est un peu vrai.

Mais je vous montre ce qu'ont subi les populations du Djebel Druse.

En voici un autre qui ne veut pas louer sa maison. On le bat. Il est un mois sans pouvoir se lever.

Le caporal de Ponchel tire des coups de fusil sur le directeur de la justice, c'est-à-dire sur l'homme qui est chargé de l'application des lois en Syrie. Il n'est pas inquiété.

Un autre, le lieutenant Morel, le bras droit du capitaine Carbillet, impose 10 livres-or à la ville de Soueïda, parce qu'on lui a volé son chat. (*Exclamations à l'extrême gauche communiste.*)

Un officier français a trouvé un coq mort ; il impose le chef-lieu du district de 50 livres-or.

Voici le cas le plus scandaleux de tous. On raconte que le lieutenant Morel enferme un Druse pendant cinq jours dans une cave ; qu'il le laisse sans nourriture et qu'il l'oblige à boire de l'eau salée pour lui arracher un faux témoignage. (*Exclamations à l'extrême gauche.*)

Voilà des faits qui ont été signalés à la tribune du Sénat.

A gauche. — Par qui ?

DORIOT. — Le général Bourgeois a lu ce document à la tribune du Sénat.

M. HENRY FONTANIER. — Les faits que vous signalez sont parfaitement exacts, mais ils se sont produits pendant l'administration du capitaine Carbillet, qui a gouverné le Djebel Druse de 1923 jusqu'au mois de mars 1925. Par conséquent, je ne crois pas qu'ils se soient tous produits sous l'administration du général Sarrail. (*Interruptions au centre et à droite.*)

M. CARNOX. — Cela a son importance.

DORIOT. — Votre argument ne me gêne pas du tout. J'ai, en effet, développé ici cette thèse que je tenais solidairement pour coupables les trois généraux. Je n'ai pas voulu séparer leur gestion ; mais ce qu'il y a de scandaleux dans la gestion du général Sarrail, c'est que, connaissant tous ces faits, il ait voulu continuer à imposer le capitaine Carbillet chez les Druses. (*Applaudissements à l'extrême gauche communiste.*)

M. DÉSIRÉ FERRY. — La première plainte date du mois d'avril 1925.

Il renie l'acccord de 1921.

DORIOT. — Je ne peux pas indiquer à quelle date a été envoyée la première plainte, je ne puis pas séparer la personnalité du capitaine Carbillet en deux hommes, l'un dirigé par le général Weygand et l'autre par le général Sarrail. Je constate que le capitaine Carbillet employait la matraque sous le général Weygand et sous le général Sarrail. Mais, que voulez-vous, il y a des choses qu'on supporte un moment et qui finissent par lasser. Lorsque les Druses ont envoyé des délégations à Beyrouth auprès du général Sarrail, comme ils en avaient envoyé une auprès du général Weygand ; lorsqu'ils ont vu que, systématiquement, ils n'étaient pas reçus ; lorsqu'ils ont vu que l'accord de 1921 signé par les chefs religieux du Djebel Druse était violé, à ce moment-là ils étaient en droit de s'indigner ; et le plus grand grief fait au général Sarrail, c'est d'avoir pu déclarer que ce document, qui avait été reconnu valable par le général Gouraud, n'était maintenant qu'une pièce qui n'avait qu'une valeur historique. Il a ajouté que si les Druses, qui avaient vu cette pièce en activité pour ainsi dire pendant quelques années, ne la considéraient pas comme nulle et non avenue, ils créeraient de ce chef une agitation et s'exposeraient à être traités en factieux.

Dans cette violation d'un traité signé avec une population coloniale, il y a quelque chose de scandaleux.

Je sais bien qu'on va nous dire que la pièce aurait dû être signée par quatre ou cinq chefs religieux.

Un fait n'en subsiste pas moins. C'est qu'en 1921, sous l'administration du général Gouraud, cette pièce est déclarée valable et les Druses ont un chef qui appartient à leur nation. Puis, d'un commun accord, les Druses acceptent un officier français comme gouverneur du Djebel.

M. DÉSIRÉ FERRY. — Sur leur demande.

DORIOT. — Sur leur demande, si vous le voulez. Mais le jour où ils veulent revenir à un chef druse, il n'y a aucune raison de le leur refuser. Et puisque les Druses en faisaient la demande, on devait reconnaître que la pièce était valable aussi bien en 1925 qu'en 1921. (*Applaudissements à l'extrême gauche communiste.*)

J'estime que c'est une violation du droit des populations à disposer d'elles-mêmes que de ne pas reconnaître le traité qu'elles ont librement signé.

De cela, il faut tirer une conclusion : c'est qu'en matière de colonisation, les traités n'ont aucune importance.

Il n'y a qu'une seule chose qui compte : c'est la loi du plus fort, c'est la loi du colonisateur que l'on veut absolument imposer. (*Applaudissements à l'extrême gauche communiste.*)

VAILLANT-COUTURIER. — La force prime le droit !

M. DE MORO-GIAFFERRI. — Non ! Dans les pays civilisés, c'est le suffrage universel.

DORIOT. — Cette loi, nous pouvons bien le dire, ne peut être changée que par une lutte insurrectionnelle et révolutionnaire des populations coloniales. (*Nouveaux applaudissements sur les mêmes bancs.*)

Il est évident qu'il n'y a aucun traité, aucun papier au monde — que l'on considère toujours comme des chiffons de papier, selon une expression célèbre — qui puisse changer quelque chose à cette situation.

Lorsque le général Sarrail a violé ce traité, lorsqu'il a voulu le considérer comme une pièce historique et l'envoyer dans un quelconque musée, nous pouvons bien dire qu'il a agi là-bas, vis-à-vis des Druses, comme un véritable provocateur de guerre civile et de révolte. (*Applaudissements à l'extrême gauche communiste.*)

C'est cette politique brutale qui a provoqué la révolte

C'est tellement vrai qu'un officier français — d'après M. de Kérillis, que je m'excuse de citer ici, car je sais qu'il n'a pas cours et que ses articles n'ont pas plu à tout le monde —...

M. DE MORO-GIAFFERRI. — Je ne suis pas surpris que vous le citiez, c'est tout à fait votre point de vue.

DORIOT. — ...déclare ce qui suit :

« Moi... » — dit cet officier — « ...je vais vous dire : j'ai fait toute la guerre, je n'en suis pas à une affaire de plus ou de moins ; mais cette fois-ci, j'ai le cœur serré, parce que cette bataille, on aurait pu l'éviter. » — C'est à la veille des combats contre les Druses. — « Après tout, ces gens-là se plaignaient d'abus véritables. Ils demandaient à être entendus, n'était-ce point leur droit ? On les a exaspérés. Et quand on pense cela de son ennemi, c'est tout de même atroce de tirer dessus. (*Applaudissements à l'extrême gauche communiste.*)

C'est un officier qui appartient certainement à ces partis politiques. (*L'orateur désigne la droite*), qui s'exprime de cette façon.

On ne peut pas donner une justification plus éclatante des droits des Druses à réclamer l'indépendance. Et lorsque les officiers que nous envoyons contre eux regrettent de tirer dessus, à la veille de batailles, ne vous étonnez pas des désastres qu'a subis là-bas l'armée française. Lorsqu'on part au combat avec un moral aussi diminué et avec la conviction que son adversaire a raison, on va à un échec certain, et il ne faut pas s'étonner de la victoire des Druses.

Je veux ajouter que les Druses ont fait preuve d'une modération extraordinaire. Pensez donc qu'ils ont été chassés six fois de Beyrouth, qu'ils n'ont pas pu faire entendre leur voix, qu'ils sont venus six fois supplier sans cesse et qu'en fin de compte, après les avoir invités à venir s'expliquer devant le haut commissaire, on a trouvé le moyen de leur tendre le guet-apens le plus ignoble qui soit dans l'histoire. (*Applaudissements à l'extrême gauche communiste.*)

On les emprisonne, on les envoie en résidence à Palmyre, et on voudrait que les populations qui ont mis toute leur confiance dans leurs chefs, ne fassent pas un effort pour les délivrer ?

Vous, messieurs, qui avez, pendant cinquante-deux mois, demandé aux populations françaises des efforts pour une guerre qui, j'ose dire, n'était pas faite dans leur intérêt profond, vous accuseriez de lâcheté ce peuple druse s'il ne s'était pas levé pour défendre ses chefs. (*Nouveaux applaudissements sur les mêmes bancs.*)

M. Désiré FERRY — Les Druses ne demandaient pas leur indépendance. Ils demandaient simplement le changement du gouverneur.

A l'extrême-gauche. — Allons donc !

Doriot. — C'est vrai, les Druses ne demandaient pas leur indépendance. Mais la conséquence, justement, de notre politique, c'est de leur avoir ouvert les yeux et de leur avoir démontré qu'en dehors de l'indépendance, il n'y avait pas de salut pour les populations coloniales. (*Applaudissements à l'extrême gauche communiste.*)

Le coût d'une occupation coloniale.

Messieurs, l'expédition de Syrie a coûté 2.644 millions depuis 1920. C'est le chiffre officiel.

Marcel Cachin. — Dites 4 milliards depuis 1920. C'est ce qu'a déclaré un membre du Gouvernement.

Doriot. — On a répété ce matin le chiffre de 2.644 millions. Mon ami, M. Cachin, apporte une précision, et je sais qu'il n'avance jamais un chiffre à la légère.

Marcel Cachin. — Ce chiffre, je le répète, a été fourni par un membre du Gouvernement.

M. Edouard Soulier. — En y comprenant la campagne de Cilicie.

Doriot. — Je vous remercie de cette précision, et je considère globalement les campagnes de Syrie et de Cilicie. Je dis : c'est 4 milliards de trop que vous avez dépensés là-bas, et qui seraient bien utiles dans les caisses de l'Etat aujourd'hui. (*Applaudissements à l'extrême gauche communiste.*)

C'est au moment où l'on demande au pays des sacrifices financiers, que l'on ose venir nous réclamer de nouveaux crédits pour continuer l'opération de Syrie -

Au moment où l'on veut charger ce pays de 8 milliards d'impôts nouveaux, c'est une honte de lui réclamer ne serait-ce que quelques centaines de millions pour les gâcher dans une expédition coloniale. (*Nouveaux applaudissements sur les mêmes bancs.*)

Vous consentirez à donner les millions et les milliards pour conserver la Syrie, mais j'estime que celui qui veut défendre les intérêts véritables des masses travailleuses ne peut pas consentir à donner un seul centime pour cela. Et je reprends au compte de mon parti la vieille formule socialiste : « Pour l'expédition de Syrie, pas un sou et par un homme ne doivent être accordés ». (*Applaudissements à l'extrême gauche communiste.*)

Et les morts ? 6.960 depuis 1920. C'est 6.960 de trop. Vous auriez pu les éviter si vous n'étiez pas attirés là-bas par les intérêts de quelques banquiers.

Cinq cent quatre-vingt-cinq morts en trois mois, a-t-on dit. Il est évident que si l'on n'avait pas provoqué ces populations comme on l'a fait, ces 585 hommes n'auraient pas été tués.

Et puis, l'armée française a accumulé là-bas défaite sur défaite, et vous n'avez pas encore repris le dessus dans les hostilités.

D'après le général Sarrail, cette armée a été commandée par des officiers insuffisants. Je puis bien dire que, depuis le général Sarrail jusqu'aux officiers qu'il a dénoncés, il y avait, en effet, de grandes insuffisances et beaucoup d'hommes qui méritaient d'être condamnés.

Le retentissement du bombardement de Damas.

Enfin, quel est son exploit principal ? On ne le démentira pas, j'espère, comme on essayait de le faire l'autre jour : c'est le bombardement de Damas à deux reprises.

M. DE MORO-GIAFFERRI. — Et si on ne l'avait pas fait, quelle aurait été la conséquence ?

M. LE PRÉSIDENT DU CONSEIL. — Il a sauvé la ville !

DORIOT. — Le bombardement de Damas, en a-t-on pesé les conséquences ?

On sait ce que sont les répercussions du bombardement de Damas. Je n'en veux citer que deux : grève générale à Jérusalem et grève générale à Bagdad pour protester.

Tous les musulmans se sont sentis brimés par le bombardement de Damas. Il s'agit de 300 millions d'hommes, qui sont profondément attachés à leur sentiment religieux, que je ne veux pas discuter pour l'instant, ce n'est pas le lieu. Vous les avez choqués directement.

On dit : « Si on n'avait pas fait le bombardement de Damas, les conséquences auraient été plus graves encore. »

Le bombardement de Damas est une véritable provocation à la guerre contre tout l'Islam. (*Mouvements divers.*) C'est cela que vous avez fait à Damas, et comme cela ne suffisait pas, vous l'avez fait deux fois !

Le bombardement de Damas est l'élargissement des guerres coloniales, et depuis longtemps vous n'aviez pas démontré aussi clairement aux populations colonisées que votre véritable façon était la manière brutale. (*Protestations sur un grand nombre de bancs.*)

Dans toutes les colonies, on pourrait reprendre des milliers et des milliers d'exemples de la brutalité des administrateurs coloniaux et de tous ceux qui sont chargés de faire votre politique là-bas. Mais jamais cela n'est apparu d'une façon aussi éclatante pour l'ensemble des populations coloniales qu'après l'ignominieux bombardement de Damas ; c'est pourquoi l'on peut bien dire que ce bombardement est une provocation à l'extension de la guerre.

D'ailleurs, on ne sait jamais si vous avez l'intention de faire la guerre ou de faire la paix ; ou plutôt, vous promettez toujours la paix, mais vous élargissez toujours la guerre, aussi bien au Maroc qu'en Syrie.

J'ai trouvé, l'autre jour, dans le *Temps*, une citation d'un homme envoyé là-bas et qui, paraît-il, est un de vos plus grands diplomates. Il devait porter, au nom de la Société des Nations, les apaisements nécessaires aux populations syriennes ; c'est M. de Jouvenel. Il a déclaré, à l'occasion d'une parade militaire, en remettant au général Gamelin la croix de guerre :

« Nous eussions préféré la paix à la victoire, mais puisqu'on nous contraint à vaincre par l'attaque, le pillage et le massacre... »

MARCEL CACHIN. — C'est effrayant ! Que fait la Société des Nations ?

DORIOT. — « ...vous continuerez... » — dit-il au général Gamelin — « ...à vous charger de cela jusqu'au jour où la sécurité des personnes et des biens sera complètement assurée » (*Rires et interruptions à gauche, au centre et à droite. — Bruit à l'extrême gauche communiste.*)

MARCEL CACHIN. — Le ministre de la Guerre ne dit rien ?

M. Paul Painlevé, *ministre de la Guerre*. — Cela signifie qu'on nous contraint à vaincre par le pillage, par l'attaque, par le massacre. (*Applaudissements à gauche et au centre. — Interruptions à l'extrême gauche communiste.*)

Doriot. — L'ex-rédacteur en chef du journal *Le Matin* connaît assez bien le français pour ne pas construire de phrase équivoque et, en tout cas, celle-ci l'est singulièrement. Je relis la citation :

« Nous eussions préféré la paix à la victoire, mais puisqu'on nous contraint à vaincre par l'attaque, le pillage, le massacre... (*Interruptions à l'extrême gauche communiste.*)

M. de Moro-Giafferri. — Vous ne croyez pas sérieusement, monsieur Doriot, que M. de Jouvenel fasse l'apologie du pillage. Vous ne pouvez pas le croire.

Doriot. — M. de Jouvenel dit au général Gamelin, et là il n'y a pas d'équivoque possible : « Vous continuerez à vous en charger jusqu'au jour où la sécurité des personnes et des biens sera complètement assurée. » (*Protestations à gauche et sur divers bancs.*)

Mais se charger de quoi ?

Sur divers bancs. — N'insistez pas !

Marcel Cachin. — On sait bien que les expéditions coloniales, c'est le pillage et le massacre, constamment et exclusivement.!

Doriot. — D'ailleurs, messieurs, il y a quelque chose qui pourrait nous mettre tous d'accord : c'est un discours prononcé par M. le président du Conseil, alors qu'il était encore avocat de Gustave Hervé, quand il plaidait pour le *Piou-Piou de l'Yonne*.

M. le Président du Conseil. — Vous allez me rajeunir ! (*Sourires.*)

Doriot. — Vous disiez à ce moment que le rôle des soldats en Chine était d'embrocher les petits enfants avec leur baïonnettes. (*Exclamations.*)

M. le Président du Conseil. — Oh ! je n'ai jamais dit cela. C'est aussi exact que ce que vous avez affirmé tout à l'heure. Je n'ai jamais été si bête que cela, tout de même ! (*On rit.*)

Doriot. — Je vous apporterai quelques citations des *Pages choisies d'Aristide*, comme est intitulée la brochure qu'on trouve dans les bibliothèques sociales.

M. le Président du Conseil. — Oui, eh bien ! je vous le répète, Aristide, comme vous dites, n'a jamais été si bête que cela. (*Nouveaux rires.*)

Vaillant-Couturier. — Aristide n'a jamais été si juste. (*Sourires.*)

Doriot. — Vous pourrez y retrouver certaines perles !...

M. le Président du Conseil. — Si j'avais plaidé de cette manière, je n'aurais jamais fait acquitter mon client. (*Rires et applaudissements.*)

Renaud Jean. — Il est évident que ce n'est pas vous qui avez fait éditer la brochure.

Il faut 50.000 soldats pour rester en Syrie.

Doriot. — En tout cas, il est clair qu'on a dit à plusieurs reprises à la commission des affaires étrangères que l'on voulait rester en Syrie, et ceci prouve que l'on ne veut pas accorder l'indépendance immédiate au peuple. Vous prouvez aussi par là même que vous voulez vaincre et qu'en tout cas vous voulez continuer la guerre.

M. le Président du Conseil. — C'est fini.

Doriot. — Ce n'est pas fini. On lit tous les jours des communiqués alarmants.

M. le Président du Conseil. — Vous n'avez pas de chance : c'est fini.

Doriot. — Si, j'ai beaucoup de chance, je vous le jure. Vous croyez que c'est terminé ? Nous verrons encore très probablement des communiqués qui nous annonceront des victoires brillantes.

M. Henry Paté. — Vous paraissez regretter que ce soit terminé !

André Berthon. — Est-ce fini ou non ?

M. le Président du Conseil. — Je vous apporterai des nouvelles qui vous réjouiront. Ce sera vos étrennes. (Sourires.)

Doriot. — Je ne sais pas si c'est fini. En tout cas, je le souhaite ardemment. Mais je ne le crois pas. Il est, en effet, certain que tout le Sud de la Syrie est encore en ébullition et que vos colonnes n'ont pas pu y pénétrer. Il suffit de regarder une carte de la Syrie, de voir où vous êtes, pour s'apercevoir que les choses ne sont pas terminées.

En tout cas, vous n'avez pas nommé le gouverneur que vous avez promis de rétablir dans le Djebel Druse.

Vous n'avez pas encore pénétré dans le Djebel Druse, et lorsque vous déclarez que vous voulez vaincre, cela signifie que vous avez l'intention d'y aller.

Le général Sarrail a donné à la commission des affaires étrangères quelques chiffres significatifs.

« Tout d'abord, a-t-il dit, les insurgés ont 100.000 fusils à leur disposition, dans toute la Syrie, dont 60.000 à tir rapide. Obtenir sur eux la victoire est une bien lourde tâche. »

On a ajouté, quelque part, qu'il faudrait 50.000 soldats. Le général Sarrail a tenu à infirmer un peu ce chiffre en disant :

« 50.000 soldats, c'est probablement trop, mais 20.000, c'est notoirement insuffisant. » Et je ne crois pas que vous puissiez tenir la Syrie avec 20.000 soldats.

M. Henry Fontanier. — Pas même avec 50.000.

M. Jules Uhry. — C'est évident.

Doriot. — Si c'est évident, je suis donc resté dans la vérité.

M. le Président du Conseil. — C'est la vérité, mais vous confondez deux choses. Il y a une période d'effervescence qui, du reste, est née en coïncidence avec les événements du Maroc... (Très bien ! très bien ! à gauche.)

M. Biré. — Avec l'arrivée du général Sarrail. (Exclamations à gauche.)

M. le Président du Conseil. — ...et sous l'influence, d'ailleurs, d'excitations qui ne pouvaient pas laisser les populations indifférentes.

Dans un tel état d'esprit de la population, on est obligé d'employer le maximum de troupes. A l'heure actuelle, la révolte, loin de gagner, s'est considérablement restreinte, et, au lieu de se trouver au milieu de populations susceptibles de devenir hostiles, nos troupes sont au milieu de populations qui veulent coopérer avec elles. Déjà, les habitants se défendent. Les fusils dont vous parlez pourraient servir contre les bandits, les pillards. La situation s'en trouve singulièrement modifiée et améliorée. (Interruptions à l'extrême gauche communiste.)

Vous savez bien qu'à Damas ils ont pillé.

Cornavin. — Les pillards sont ceux qui ne sont pas chez eux.

Doriot. — En tout cas, il y a un chiffre qu'on n'infirme pas. On a parlé de 50.000 soldats. Je croyais avoir donné une estimation un peu trop forte. On l'a confirmée à la fois des bancs socialistes, où l'on est quelquefois très bien informé, et du banc du Gouvernement.

M. Léon Blum. — Où on l'est moins bien. (*Sourires.*)

Doriot. — C'est bien possible. Nous l'avons vu, notamment pour cette affaire de Syrie, où le Gouvernement paraissait ne pas savoir grand'chose. Quels soldats allez-vous envoyer là-bas ? Des coloniaux ? Vous savez très bien la difficulté que l'on a à les envoyer. Des Syriens ? Vous savez bien également que, depuis le début des hostilités — on le disait encore ce matin — vous les laissez à l'arrière, parce qu'ils passent aux Druses. Si on le fait, ce n'est pas pour la raison que l'on a invoquée à la commission des affaires étrangères, à savoir que les Syriens ne savent pas se battre. On les a amenés sur le front français pendant la guerre. Ils s'y sont battus, a-t-on dit, avec un grand courage. J'estime que, s'ils sont passés quelquefois du côté des Druses, c'est justement parce que le sentiment national est chez eux excessivement développé, c'est parce qu'ils avaient la conviction que la guerre qu'on leur faisait faire contre les Druses n'était pas juste au fond et que la raison était du côté de leurs adversaires, et, à plusieurs reprises, ils ont compris qu'ils ne pouvaient pas se battre contre ceux qui voulaient la libération de leur territoire, et ils se sont alliés à eux. Voilà des faits que l'on ne peut pas infirmer.

Si on ne peut pas engager des Syriens, on va donc envoyer là-bas de jeunes soldats français, on pourrait envoyer aussi des soldats de l'Afrique du Nord. Mais ceux-là sont musulmans, et l'on craint énormément dans ces batailles leurs sentiments religieux. On a peur de les y envoyer.

Lorsqu'au lieu de traiter la paix, vous promettez la guerre à ces populations, lorsqu'au lieu de reconnaître l'indépendance de la Syrie, vous envoyez de jeunes soldats français sur le champ de bataille, nous estimons que vous prenez de lourdes responsabilités, car on peut démontrer que vous les prenez dans l'intérêt de quelques capitalistes.

A bas l'œuvre de pillage et d'assassinat !

C'est pourquoi nous voulons dire du haut de cette tribune, avec toute l'autorité qu'elle confère, que les Syriens n'ont pas voulu se battre contre leurs frères. Nous disons aussi aux soldats français de faire comme les soldats syriens. (*Vifs applaudissements à l'extrême gauche communiste. — Vives réclamations et protestations sur un grand nombre de bancs.*)

M. le Président. — Je proteste au nom de toute la Chambre contre cette abominable excitation et je vous rappelle à l'ordre. (*Applaudissements.*)

Marcel Cachin. — C'est la conclusion du discours qu'a fait, ce matin, M. Desjardins. (*Applaudissements à l'extrême gauche communiste.*)

Bourlois. — M. Desjardins a dit qu'on faisait assassiner les soldats français en Syrie.

M. Paul-Boncour (*s'adressant à la droite*). — Vous trouviez cela très bien, ce matin.

Doriot. — On a dit ce matin, à cette tribune — et cette affirmation a été apportée par les orateurs les plus autorisés de ce côté de la Chambre (*la droite*) — que les généraux français avaient conduit les soldats fran-

çais à l'assassinat. (*Vifs applaudissements à l'extrême gauche communiste. — Bruit.*)

M. LE PRÉSIDENT. — Je n'admets pas cette parole...

M. BOUILLOUX-LAFONT. — Je demande la parole.

M. LE PRÉSIDENT. — ...et je dois dire que M. le président Bouilloux-
Lafont l'a réprimée comme il convenait. (*Applaudissements à gauche.*)

MARCEL CACHIN. — M. Desjardins l'a dit avec raison.

BOURLOIS. — Et sans aucune protestation du président. (*Mouvements
divers.*)

DORIOT. — A deux reprises, M. Desjardins a pu apporter cette affirmation à la tribune de la Chambre française. J'estime, monsieur le président, que j'ai le droit de dire aux soldats français de ne pas se laisser
assassiner, mais de fraterniser avec les Syriens. (*Vifs applaudissements
à l'extrême gauche communiste. — Vives réclamations sur un grand nombre de bancs. — Bruit.*)

M. LE PRÉSIDENT. — Puisque vous persévérez, monsieur Doriot, je proteste à nouveau contre ces paroles impies auxquelles, du reste, aucun
soldat français ne prêtera l'oreille. (*Vifs applaudissements.*)

DORIOT. — En faisant le geste auquel nous les convions...

M. LE PRÉSIDENT. — Monsieur Doriot, je vous rappelle à nouveau à
l'ordre.

DORIOT. — ...ils montreront le véritable visage de la France ou-
vrière et paysanne, qui ne veut pas la guerre. (*Applaudissements à l'extrême gauche communiste.*)

M. EDOUARD SOULIER. — Le Gouvernement n'a cessé de protester ce
matin. Il ne le fait plus maintenant. Il proteste contre les faits, il ne proteste pas contre les doctrines antifrançaises. (*Vives interruptions à l'extrême gauche et à gauche. — Bruit.*)

M. LABATUT. — La droite applaudissait ce matin, maintenant elle n'ap-
plaudit plus.

VAILLANT-COUTURIER. — Aimez-vous les uns les autres, monsieur le
pasteur Soulier !

Est-ce pour les grandes banques que le sang continuera à couler?

DORIOT. — D'ailleurs, nos soldats ne savent certainement pas pour
qui ils doivent se battre. C'est une question qu'il est essentiel de poser
ici. Malgré les rappels à l'ordre du président, j'ai dit ce qui était mon
sentiment sur l'attitude que les soldats devaient et devraient avoir.

Je veux maintenant en dire les motifs. Si nous sommes en Syrie, c'est
pour y défendre quatre ou cinq groupes financiers. C'est une chose qu'on
ne connaît pas suffisamment et, malgré les haussements d'épaules de M.
le président du conseil, je puis bien lui citer quelques noms et quelques
firmes.

Malgré les querelles passagères des banques entre elles, nous trouvons en Syrie l'inévitable banque de Paris et des Pays-Bas, avec son
grand chef Finaly !

Il a mis la main sur la banque d'émission de Syrie et du Grand-Liban.
C'est un fait qu'on ne peut pas nier.

Nous voyons aussi la banque de l'Union parisienne, qui partage avec la précédente les intérêts de la banque d'émission de Syrie et qui développe ses tentacules jusque sur les chemins de fer syriens.

Nous voyons encore deux autres groupes financiers : la Société générale et le Crédit foncier d'Algérie et de Tunisie.

MARCEL CACHIN. — Celui-là aussi !

DORIOT. — ...que l'on peut retrouver dans toutes les affaires plus ou moins claires du Maroc.

Ces deux groupes financiers, qui ont à leur tête les nommés Homberg...

MARCEL CACHIN. — Un bon Français !

DORIOT. — ...et Lebon, bien connus de tous les colonisateurs de cette Chambre, pour des raisons diverses. (*Applaudissements à l'extrême gauche*), ces groupes financiers dominent actuellement les ports, les tramways, l'éclairage, les sociétés cotonnières, les moulins, les tabacs, les entrepôts publics.

Toutes les organisations économiques sont mises en coupe réglée par ces groupes financiers.

Et l'on nous adresse des reproches lorsque nous disons aux soldats : Regardez donc pour qui vous vous battez. Est-ce que cela en vaut la peine ? (*Vifs applaudissements à l'extrême gauche communiste. — Protestations sur un grand nombre de bancs.*)

M. LE PRÉSIDENT DU CONSEIL. — Vous ne pouvez pas dire cela.

M. LE MINISTRE DE LA GUERRE. — Ce sont des arguments misérables.

DORIOT. — Oui, je sais qu'il est misérable de parler à cette tribune de la Banque de Paris et des Pays-Bas, de Finaly et de ses tractations. J'accepte votre remarque, elle est tout à fait digne. (*Vifs applaudissements à l'extrême gauche communiste.*)

M. LE PRÉSIDENT DU CONSEIL. — Vous ne pouvez pas vous passer des banques, voyons !

Vous en avez aussi et vous en recherchez. (*Applaudissements sur un grand nombre de bancs. — Interruptions à l'extrême gauche communiste.*)

MARCEL CACHIN. — Pas de diversion !

M. LE PRÉSIDENT DU CONSEIL. — C'est de la concurrence. Elles ne peuvent pas toutes aller s'installer en Russie.

MARCEL CACHIN. — On ne fait pas tuer de soldats russes pour des banquiers.

DORIOT. — En tout cas, les arguments qui nous sont opposés n'infirment en rien nos déclarations, ils les confirment. Nous constatons ce fait.

Mais il y a certainement une autre raison, qui n'est pas moins importante.

« Laisse-moi la Syrie », dit la France à l'Angleterre, « je te donne Mossoul ».

Vous savez comme moi, vous l'avez dit souvent, que depuis dix mois notoirement une rivalité existe, entre la France et l'Angleterre, à propos de la Syrie.

Dans le rapport sur le budget des affaires étrangères, on cite une phrase d'un fonctionnaire anglais, qui disait que la politique anglaise en

Syrie devait être de dégoûter la Syrie de la France et la France de la Syrie.

Donc, attitude hostile. C'est un fait qui ne peut être contesté.

On remarque maintenant un changement dans l'orientation de la politique anglaise. Il semble même que le Foreign Office soit entré, à quelques reprises, en conflit avec quelques-uns des fonctionnaires coloniaux anglais qui regardaient d'un œil trop attendri et trop attentif la Syrie.

Nous pouvons aussi nous demander pourquoi M. de Jouvenel est allé à Londres avant d'entreprendre son voyage en Syrie. C'est certainement, nous dira-t-on, pour avoir l'assurance que l'Angleterre ne créera pas de difficultés à l'armée française là-bas et que ses gendarmes chasseront les Druses chaque fois qu'il s'en présentera devant eux.

Pourquoi l'Angleterre a-t-elle changé de tactique ? Pourquoi a-t-elle changé d'orientation ? Et pourquoi la France a-t-elle changé d'orientation, elle aussi, dans une question importante, la question de Mossoul ?

Je me demande si, dans la coopération franco-anglaise, il n'y a pas un élément dangereux et si nous n'avons pas fait une concession à l'Angleterre pour l'amener à nous laisser la tranquillité en Syrie.

Je me demande si l'on n'a pas engagé la politique de ce pays, si l'on ne s'est pas engagé à soutenir l'Angleterre dans l'affaire de Mossoul. *(Applaudissements à l'extrême gauche communiste.)*

Sur ce point, il nous faudra des précisions. Nous devrons examiner si l'attitude de la France, dans les dernières opérations relatives à l'affaire de Mossoul, n'est pas un peu la conséquence des accords ou des conversations qui se sont tenues entre M. de Jouvenel et M. Chamberlain.

Cette question devait être posée ici.

M. LE PRÉSIDENT DU CONSEIL. — Je crois bien !

DORIOT. — On devra la poser ailleurs encore, et le Gouvernement devra répondre à une question aussi importante.

M. LE PRÉSIDENT DU CONSEIL. — Quand vous voudrez.

DORIOT. — Nous ne pouvons pas constater sans angoisse le développement des événements autour de Mossoul. Et lorsque nous voyons, là-bas, la possibilité de nouveaux conflits, nous nous demandons si, directement ou non, nous ne serons pas entraînés à y participer. *(Applaudissements à l'extrême gauche communiste.)*

Nous nous demandons si le sang des jeunes ouvriers et paysans français ne coulera pas pour défendre les intérêts des pétroliers.

Etant donné le développement de la politique européenne, on a le devoir de poser ces questions, lorsqu'on veut défendre les intérêts des ouvriers. *(Applaudissements à l'extrême gauche communiste.)*

J'arrive à ma conclusion et je demande au gouvernement quelles mesures il compte prendre pour mettre rapidement fin aux carnages de Syrie.

Le pays veut la paix avec les Druses.

Le pays, lui, est prêt à faire la paix. Un gouvernement qui n'aurait en vue que l'intérêt de la majorité de la population proposerait aux insurgés un armistice, la cessation immédiate des hostilités. *(Applaudissements à l'extrême gauche communiste.)*

Il le proposerait, pour cette raison essentielle que — presque tous les partis l'ont reconnu — l'insurrection druse est parfaitement compréhensible.

Les Druses ont été acculés à l'insurrection. On l'a dit de ce côté de la Chambre (la droite). De ce côté (la gauche), on n'ose pas le nier. Quant à nous, nous osons l'affirmer. (*Applaudissements à l'extrême gauche communiste.*)

Les populations révoltées ont fait preuve de tant de patience, pendant six ans, qu'il est évident qu'elles ne désirent pas plus la guerre que les travailleurs de France. On sent que ces populations ont été poussées à la guerre malgré elles et qu'elles sont certainement prêtes à faire la paix avec la France.

Elles n'y mettent qu'une condition : l'indépendance. Elles disent : Après l'expérience que nous venons de vivre pendant six ans, ce que nous voulons, c'est la reconnaissance de notre indépendance.

L'autre jour, c'est Sélim El Atrache qui déclarait que la paix était possible immédiatement, sur la base de l'indépendance et seulement sur cette base.

Si vous vous en tenez, désormais, au principe si souvent proclamé du droit des peuples à disposer d'eux-mêmes, si vous ne défendez pas en Syrie d'autres intérêts que ceux de la paix et de la civilisation dont on parle si souvent ici, il est évident que la paix est possible immédiatement. Il vous est possible de la réaliser. Il vous suffit de reconnaître l'indépendance des populations. (*Applaudissements à l'extrême gauche communiste.*)

Ces populations réclament cette indépendance avec toutes ses conséquences, c'est-à-dire avec l'évacuation militaire. Nous la réclamons avec elles, car nous estimons que, sous la menace ou la défense des baïonnettes, il n'y a pas de véritable indépendance.

Il faut que les populations soient libres de déterminer leur sort, sans aucune pression de l'extérieur — c'est le moment d'employer le mot. Il faut qu'elles soient libres de convoquer leur Assemblée nationale.

Les Syriens n'ont pas besoin de nous pour s'entendre.

Je connais l'argument que l'on oppose souvent ici à cette demande. On dit : Nous évacuerions bien, mais les Syriens s'entretueraient ; nous sommes obligés de rester là-bas pour faire leur police.

Je ne crois pas que cet argument soit complètement exact. Je suis persuadé qu'on l'exagère considérablement pour les besoins de la cause.

En tout cas, si vous voulez éviter ces massacres, vous devez commencer par ne pas armer les chrétiens contre les musulmans, les Maronites contre les Druses. (*Applaudissements à l'extrême gauche communiste.*)

Si vous voulez tenter l'unification de la Syrie, vous devez cesser immédiatement de donner aux chrétiens des fusils, en leur disant de marcher contre les insurgés qui les menacent, alors que les insurgés ne les menacent pas.

Vous devez aussi vous abstenir d'envoyer là-bas des milliers de soldats français qui, malgré eux, contre leur volonté, donnent l'exemple, en tirant sur les Druses.

La guerre actuelle est essentiellement une guerre de libération nationale. Les conflits entre les diverses fractions nationales sont très rares.

On me signalait l'autre jour que, pendant la grande guerre, alors que ce pays vivait encore sous le régime turc, et même après la disparition de ce régime, il n'y avait pas eu de massacres entre les diverses fractions de la population.

Aujourd'hui, il y a encore un fait qui prime tout : parmi les insurgés, il y a à la fois des musulmans et des chrétiens. La formule des insurgés est la suivante : « La religion est à Dieu, mais la patrie est à tous ». Ceci prouve bien quel est le caractère véritable du mouvement.

Sélim El Attrache a adressé, au nom du commandement général de l'insurrection syrienne — c'est un argument que j'ai trouvé ces jours-ci dans un journal — un appel aux chrétiens de Ashaya et de Hasbaya, dans lequel il proteste contre l'interprétation religieuse qui est donnée au mouvement et que tous vos journaux colportent chaque jour.

Il a dit aux chrétiens : « Le mouvement national ne peut vous porter aucun préjudice. Vous êtes des frères et nous ne faisons aucune différence entre vous et nous. Nous nous trouvons, malheureusement, forcés de nous adresser à vous en votre qualité de chrétiens, et cela pour la première fois, car nous n'avons pas jusqu'à présent fait mention de communautés religieuses, mettant notre mouvement au-dessus de ces considérations si éloignées de l'esprit national. »

Voilà un document qui montre bien la tendance du mouvement actuel. Pas de mouvement religieux, disent les insurgés, mouvement de libération nationale.

Les journaux chrétiens des régions dont je viens de parler ont été obligés d'écrire : « Il faut reconnaître que les insurgés suivent des méthodes régulières sous tous les rapports. »

Ces méthodes régulières, nous pouvons en citer quelques-unes ici. Ils ont recommencé ce qu'ils avaient fait à Soueïda. Ils ont permis aux femmes et aux enfants des chrétiens de sortir, comme ils avaient permis aux femmes et aux enfants de la ville de Soueïda de sortir, sans qu'aucun incident n'ait marqué cette sortie. (*Applaudissements à l'extrême gauche communiste.*)

On nous dit que, sans l'intervention française, ils vont se massacrer. J'estime qu'une armée qui est capable de faire preuve d'autant de prévenance vis-à-vis des femmes et des enfants de ses adversaires est aussi capable d'avoir assez de raison pour ne pas massacrer des gens parce qu'ils sont chrétiens ou musulmans. (*Applaudissements à l'extrême gauche communiste.*)

On comprend très bien ce que veulent actuellement les Druses. Ils veulent leur indépendance. Quand on nous dit qu'il est impossible de la leur accorder, parce qu'ils se massacreraient, nous répondons que c'est un argument démesurément grossi pour les besoins d'une certaine cause.

Les ouvriers et paysans de France sont pour l'indépendance de la Syrie et de toutes les colonies.

A l'heure présente, vous pouvez et vous devez évacuer la Syrie. Aucune raison sérieuse ne s'y oppose, sinon la défense des intérêts que nous avons dénoncés ici.

L'évacuation de la Syrie ne peut comporter que des avantages pour le peuple syrien et pour le peuple français. Je n'en veux citer que deux pour le peuple français : la vie assurée pour nos jeunes soldats et des économies.

Si vous n'évacuez pas la Syrie, si vous ne déchirez pas tous les mandats et tous les traités signés à ce propos, si vous continuez à opprimer le peuple syrien, ce sera la guerre qui s'étendra et qui rejaillira sans cesse.

On peut dire qu'une transformation profonde est en train de s'accomplir dans le monde.

On ne peut isoler — on avait raison de le dire — les événements du Maroc de ceux de Syrie, de Chine, de Tunisie, qui, s'ils ne sont pas du même ordre, sont cependant importants. Tout cela est solidement lié. Nous assistons à une poussée sans cesse plus forte des peuples coloniaux.

Ne voulant pas le comprendre, vous arrivez à faire la guerre, à l'entretenir, à l'élargir. Même si cela n'était pas dans votre volonté, vous y seriez inéluctablement poussés et vous seriez obligés d'augmenter les effectifs.

Vous aviez 18.000 soldats en Syrie. Vous serez obligés d'en avoir plus de 50.000, vous le disiez tout à l'heure, et il en est de même dans toutes nos possessions coloniales. (*Applaudissements à l'extrême gauche communiste.*)

Partout vous êtes, vous serez obligés à bref délai d'augmenter les effectifs militaires.

Vous voulez vous maintenir par la force. Telle est la caractéristique de votre politique. Eh bien ! partout, les peuples coloniaux veulent se libérer. Et les défaites, les échecs successifs que vous avez subis en Syrie et au Maroc ne peuvent que les encourager.

Aux colonies, comme partout ailleurs, la guerre appelle la guerre. Les combats d'aujourd'hui appellent les combats plus grands de demain.

N'ayez pas cette illusion que l'action persévérante des peuples coloniaux pour leur indépendance puisse rester sans effet sur les couches profondes des travailleurs de France et de tous les pays ! Lorsque, dans la même année, on voit les Marocains et les Syriens lutter pour leur indépendance, il n'est pas, même dans le coin le plus arriéré de la France, un ouvrier honnête qui ne se demande ce que cela signifie.

Plus vous vous acharnez à poursuivre ces guerres, plus nettement se manifeste la solidarité des travailleurs de France avec les peuples coloniaux. Et elle se manifestera jusqu'au jour où seront assurées du triomphe les deux revendications fondamentales de ces peuples : l'indépendance et la paix. (*Applaudissements à l'extrême gauche communiste.*)

IMPRIMERIE FRANÇAISE
Maison J. Dangon
123, rue Montmartre, Paris (2ᵉ)
Georges Dangon, imprimeur

J. DORIOT — A. BERTHON
M. CACHIN

Contre la guerre au Maroc

TROIS DISCOURS

prononcés à la Chambre des Députés
les 27, 28 et 29 mai 1925

UNE BROCHURE DE 96 PAGES : 1 fr. 50

En vente à la Librairie de l'«Humanité»
120, rue Lafayette — Paris (10ᵉ)

www.ingramcontent.com/pod-product-compliance
Ingram Content Group UK Ltd.
Pitfield, Milton Keynes, MK11 3LW, UK
UKHW031725170726
13836UKWH00001B/449